出发吧，北海道

绘/摄　君猫

摄　　翘膀君

广西师范大学出版社
GUANGXI NORMAL UNIVERSITY PRESS

·桂林·

出发吧，北海道
CHUFABA BEIHAIDAO

图书在版编目（CIP）数据

出发吧，北海道 / 君猫绘摄；翅膀君摄. —桂林：广西师范大学出版社，2018.7
ISBN 978-7-5598-0996-4

Ⅰ．①出… Ⅱ．①君…②翅… Ⅲ．①旅游指南—北海道Ⅳ．①K931.39

中国版本图书馆 CIP 数据核字（2018）第 139957 号

广西师范大学出版社出版发行

（广西桂林市五里店路 9 号 邮政编码：541004）
网址：http://www.bbtpress.com
出版人：张艺兵
全国新华书店经销
广西昭泰子隆彩印有限责任公司印刷
（南宁市友爱南路 39 号 邮政编码：530000）
开本：880 mm×1 240 mm 1/32
印张：5.125 字数：50 千字
2018 年 7 月第 1 版 2018 年 7 月第 1 次印刷
审图号：GS（2018）487 号
定价：45.00 元
如发现印装质量问题，影响阅读，请与印刷厂联系调换。

对于北海道这条旅行线路，我们提前了4个月计划，赶在夏天花期（7月中下旬）最棒的时节完成。行走在彩色花田里，沾满一身花香。游客走在"拼布"之路上，真正与大自然融为一体。

原来夜晚开的花也是那么美！遇上北海道札幌7月最大"花火祭"，夏天与烟花真是绝配！

北海道北端的两个离岛——利尻岛、礼文岛，漫山遍野的花，让它们拥有"海上花岛"的美誉。

白天有花，夜晚有花。一路以花为伴，我们从函馆出发向北而行，最后抵达日本最北端。于是也就有了这本书，**推荐给大家！**

书里有风景，美食，旅行故事。

翻过这一页，让我们开始吧。

出发吧，北海道

前言

北海道岛手绘地图

特别安排在7月中旬后赏薰衣草。

路线由南向北，红色区域是我们会去的地方。

礼文岛
利尻岛
稚内
名寄
留萌
增毛
新十津川
旭川
上川
北见
网走
知床斜里
女满别
美瑛
富良野
小樽
札幌
二世古
洞爷
千岁
苫小牧
长万部
室兰
地球岬
大沼
门别
浦河
襟裳岬
带广
池田
厚岸
根室
松前
函馆

图例
JR线路
最美花期 7月中下旬
札幌真驹内花火大会 7月

002

目录

北海道

位于日本的最北部，是日本除了本州以外最大的岛，有着美丽的田园风光，面积占全日本总面积的五分之一，而人口只有东京的一半。人口多集中于以札幌为中心的小樽与旭川之间。

北海道政府（道厅）所在地是札幌，它是北海道的行政中心以及最大城市。

（注：日本的一级行政区域划分为1都（东京都）、1道（北海道）、2府（大阪府、京都府）、43县。）

行前准备

关于Japan Rail Pass铁路周游券

Exchange Order for a
JAPAN RAIL PASS
Issued by NIPPON TRAVEL AGENCY

NTA

JR PASS可用于游玩多个城市。

方便，省钱。

简称：JR PASS

这是一种专为外国游客准备的乘车优惠通票，网上有代理商销售，可以提前订购。

JR PASS能够乘坐JR集团的所有路线：新干线（NOZOMI号除外）、特急列车、急行列车、快车及慢车（部分慢车除外）。

JR PASS区域分布

包括JR日本全国、JR北海道、JR西日本、JR东日本、JR九州、JR东海、JR四国。不同地区的铁路周游券天数不一样，详细情况可查看JR中文网。
WWW.JAPANRAILPASS.NET/CN/

JR北海道
Hokkaido Rail Pass

JR西日本
JR West Rail Pass

JR东日本
JR EAST PASS (Tohoku area)
JR EAST PASS (Nagano, Niigata area)
JR TOKYO Wide Pass

JR日本全国

JR九州
Kyushu Rail Pass

JR东海
FLEX JAPAN
Takayama-Hokuriku Area Tourist Pass
Ise-Kumano Area Tourist Pass

JR四国
ALL SHIKOKU Rail Pass

JR PASS使用方法

请找
正规旅行社平台
购买哦。

商家会寄给我们一张换票凭据。
我们到时候在日本机场或JR车站的JR服务中心就可以拿它换取JR PASS啦！

JR换票凭据　　　　　JR PASS周游券　　　　　用券换购火车票

用JR PASS周游券可以直接换购所需车票！
建议大家提前换好，以防当天换购没有座位。
座位查询：HTTP://WWW.JR.CYBERSTATION.NE.JP/VACANCY/VACANCY.HTML

如何抵达北海道

我们买了
JR PASS全国券。

从东京坐新干线
到新函馆吧。

重庆要是能直飞北海道该多好……

直达没座位，可
选择分段换乘。

直接抵达 东京—新函馆（乘坐隼号HAYABUSA，无自由席。）

分段换乘1 东京—新青森—新函馆（乘坐隼号HAYABUSA，无自由席。）

分段换乘2 东京—仙台或者盛冈—新函馆
（乘坐KOMACHI列车，有自由席。
由仙台或者盛冈再换隼号HAYABUSA到新函馆。）

介绍两个旅行App

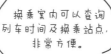

换乘案内可以查询列车时间及换乘站点，非常方便。

我是路痴我怕谁？

换乘案内 (中文版)，日本东京大阪地铁...
Guo Le >

Google 地图 - 实时导航、路况、公...
Google, Inc.

谷歌地图可用来探路！

特别鸣谢借我相机的两个朋友

章鱼兄，借我佳能5D3。

借！借！借给你！

高中同学：章鱼

崔爷，尼康D810借我啦。

帮我拍几张火车照片。

拿去吧……拿去吧……

日本火车达人：崔爷

带了两台高级单反相机。可我发现，我根本不会用……

为什么两台单反都在我身上？

因为我柔弱！

两台相机真的很重！

从东京开始

安全、准时抵达东京。

先取行李，然后换 JR PASS。

晚上抵达3号候机楼，需先前往2号候机楼。

前往JR东日本旅行服务中心。

Terminal 1

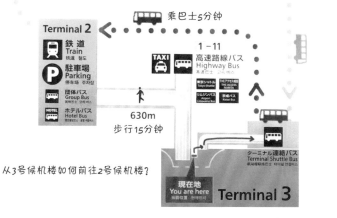

乘巴士5分钟

Terminal 2

鉄道 Train 铁道 철도

駐車場 Parking 停车场 주차장

団体バス Group Bus 团体巴士 단체 버스

ホテルバス Hotel Bus 酒店接驳巴士 호텔 버스

1 - 11

TAXI

高速路線バス Highway Bus 高速巴士 고속버스

東京シャトル Tokyo Shuttle

THE アクセス成田 THE ACCESS NARITA

リムジンバス Airport Limousine Bus

京成バス Keisei Bus

630m
步行15分钟

ターミナル連絡バス Terminal Shuttle Bus 机场摆渡巴士 터미널 연락버스

現在地 You are here 当前位置 현재위치

Terminal 3

从3号候机楼如何前往2号候机楼？

JR东日本旅行服务中心

在服务中心出示JR换票凭证后,工作人员让我们先填写登记表,然后凭表格、护照、JR换票凭证拿到JR PASS周游券。

东京JR服务中心·营业时间

大家一定要注意自己的飞机抵达时间及入关时间哦。

● 成田机场 第一候机楼
- JR东日本旅行服务中心:8:15-19:00
- 售票处:6:30-8:15, 19:00-21:45

● 成田机场 第二、第三候机楼
- JR东日本旅行服务中心:8:15-20:00
- 售票处:6:30-8:15, 20:00-21:45

● 东京
- JR东日本旅行服务中心(丸之内北口):7:30-20:30
- JR东海售票处(八重洲北口):7:30-20:30

更多换证地点请查询:
HTTP://WWW.JAPANRAILPASS.NET/CN/EXCHANGE.HTML

流浪到北边……

007

"隼鸟号Es" 新干线列车

新干线列车

日本铁路交通举世闻名，新干线列车更是在速度及稳定性上震惊世界，全线所有列车年平均延误时间不到1分钟。

"隼鸟号"列车是日本新型的子弹头列车，车头长约15米，超过新干线原列车车头，以降低噪音，提高舒适性。非常值得大家体验。

新青森换乘车站

敢吃我吗？

这个苹果好酷！

东京到青森用3个小时零10分钟，在新青森车站，到处都是引人注目的苹果灯笼。

这些灯笼表情怎么这样？

这个是青森佞武多祭的祭典灯笼。

佞武多祭：驱赶睡魔的狂欢大游行。

祭典时间：每年8月3日—5日。

举行这个仪式为了驱散夏日睡魔，督促人们不要懒惰，好好劳动。

我说我怎么总赖床。

一定是睡魔作祟！

万年起床困难户。

青森，有机会一定要去走走看看。它可是富士苹果的故乡。

青函隧道

青函隧道 是连接日本本州青森地区和北海道函馆地区之间津轻海峡的一条海底隧道，全长54公里。它是目前世界上最长的海底隧道，在1988年3月13日正式通车。

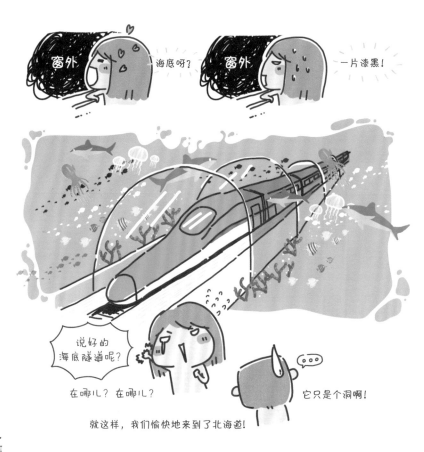

一般乘坐新干线和特急列车需要提前预订车票，快速列车和普通列车不用。
大家可以提前做好行程表，预约时拿给工作人员看！

行程表							
日付	出発時間	出発地	到着時間	目的地	種別	席種	便名
日期	出发时间	出发地	到达时间	目的地	新干线特急	指定席自由席	班次名称
××/××	××××	××××	××××	××××	××××	××××	××××

（日）スケジュール表の便を予約したいんですが…

（中）我想预约行程表里的班次。

"手指日文"
帮助语言不通
的你。

（日）空席がない場合：

（中）没有空位的情况：

（日）（　　　）の便は空席がありません。

（日）（今日／　月　日）、（　　　）発、（　　　）着の便は空いてますが…

（中）（　　）没座位了。

（中）（今天／　月　日），（　　）出发，（　　）到达的班次还有空位。

（日）指定席がない場合：

（中）没有指定席的情况：

（日）（　　　）の便は指定席がありませんが、自由席／立席は大丈夫ですか。

（中）（　　）的班次没有指定席了，自由席／站票可以吗？

（日）その他

（中）其他

（日）（今日／　月　日）（　　　）発、（　　　）着の便は席がありますか。

（中）（今天／　月　日）（　　）出发，（　　）到达的班次还有座位吗？

⽇ すみません、（　）駅まで大人（　）枚、子供（　）枚ください。

中 我要购买到（　）车站的成人票（　）张，儿童票（　）张。

⽇ 合計は（　）円です。

中 一共是（　）日元。

⽇ 乗り換えは　　□必要　　□不要

中 换乘　　□需要　　□不需要

⽇ 必要な場合：（　）駅で、（　）番線で、（　：　）着、

⽇ （　）番線で、（　：　）発に乗り換えます。

中 需要换乘的情况：（　）车站，（　）号站台，（　：　）到达后，

换乘（　）号站台，（　：　）出发。

（　）はどこですか？ （　）在哪里？	近くに（　）はありますか？ 附近有（　）？	地図で教えて頂きますか 请在地图上指给我看。
ここから歩いていけますか？ 能走着去吗？	（　）への行き方を教えてください 请告诉我怎么去（　）。	距離はどのくらいですか？ 距离有多远？

近くにコインロッカーはありますか
附近有储物柜吗?

近くに（　）はあります。 附近有（　）。	（　）で行けます。 可以乘（　）去。	歩いていけます。 能步行过去。
地図の上に示します。 地图上指给你看。	紙に書いてお渡しします。 写在纸上给你。	場所までご案内します 我带你去吧。

目的地の名称か住所を見せてください。
请给我看一下你目的地名字或地址。

この観光パンフレットをご覧下さい。
请浏览这份观光手册。

 常用 词汇

観光案内所 旅游服务中心	お土産屋 土特产店	食事処 餐饮处（日料）	コンビニ 便利店	ドラッグストア 药店
トイレ 洗手间	両替所 外汇兑换处	郵便局 邮局	病院 医院	駐車場 停车场
最寄り駅 最近车站	電車 电车	バス停 公交车站	バス 公交车	徒歩 步行
	タクシー 出租车	自転車 自行车	免税 退税	交番 警察局
	はい 是	いいえ 不是	有料 收费	無料 免费

函馆

一点都不『日本』

函馆

我们从青森到新函馆
用了两个小时。
再从新函馆站换乘一班车，
抵达函馆站。

第一站——函馆，
我们来啦！

真没想到函馆
天气那么好！

可爱的
墨鱼邮筒

寄张
明信片。

搜集旅游
纪念章。

哎呀，
肚子饿了。

咕咕咕

先去吃饭
再去酒店吧。

车站旁的函馆朝市

从函馆站出来右转，步行几分钟，过条马路，
就能抵达海鲜市场——函馆朝市。

名人签名墙

奇特料理——舞动的乌贼

人气NO.1
活乌贼踊盖饭。

姜末（或芥末）

饱满透亮
的鲑鱼卵，
大赞！

乌贼刺身

居然是
完整的乌贼
触角。

服务员说，
用酱油淋它的触角，
触角就会舞动。

惊！重口味！

…

…

它 在

蠕 动

幸好服务员
帮我们改刀，
将乌贼切成小段。

乌贼刺身口感很奇妙，
糯糯的，很新鲜，不会特别腥。
不过回想起它蠕动的样子……
总觉得很……

味道还不错，
好有嚼劲。

函馆朝市很值得一逛呢！里面有大大小小400多家水产店。营业时间较短，从上午8点至下午1点。市场内很多老板都会几句中文。遇到热情的，他们会大方地邀请你试吃！

建议午饭在这里搞定——叫卖声不绝于耳，充满市井气息。

墨汁冰淇淋

蟹肉溢出来了！

村上海胆屋

钓乌贼

一花亭 惠比寿屋

函馆JR站

市场内除了一花亭，还有几家不错的小吃店，标注在左图上了。

老板说请我们试吃蒸毛蟹。

非常想吃。

不加任何调料，就是清蒸，毛蟹好鲜美！

不会吧？这怎么好意思！

我们刚开始逛，吃完没有急着买……

好尴尬……不过老板还是笑脸相送。

异国风情的函馆

走到函馆市区，发现有很多漂亮的"有轨电车"。

函馆 建立于1859年，是日本最早的对外贸易口岸之一。整个城市充满异国情调。

这是日本吗？满满的异国风情。

惊讶！

谢谢！

欢迎来到函馆！

绿之岛

JR函馆站

函馆朝市

函馆站前

元町公园

出发
末广站

金森红砖仓库

市役所前

八幡坂

鱼市场前

二十间坂

十字街站

函馆山缆车

抵达

路面电车 ├┼┼┼┼┼┼┼●┼┼┼┼┼┤

散步观光线路 ➡

乘坐有轨电车到这里，旅行开始啦！

1.旧英国领事馆 2.元町公园 3.旧函馆区公会堂 4.函馆东正教教会
5.天主教堂 6.八幡坂 7.金森红砖仓库 8.函馆山缆车站

我们走到这里，就看到了领馆上空的英国旗帜。

旧英国领事馆

被称为"开港纪念馆"，建于1859年。想要参观体验需要购买门票噢。

贵族气息！

● 营业时间：9:00 ~ 19:00　● 价格：成人300日元，学生、儿童半价。

旧函馆区公会堂

位于元町公园最高处的小丘上，是日本少见的精致洋风馆，全馆木造，属于文艺复兴风格，是函馆市重要的公共会堂。

收腹啊宝贝！

除了参观，还可以体验华丽礼裙拍照噢！

那边是什么?
那么多人排队!

哇噢!
推荐!
400日元一个。

香草冰淇淋
面包。

奶香扑鼻!

路旁多是可爱的建筑,有
种置身欧洲的感觉。街边
小吃很多,有兴趣的话都
可以尝尝。

喜欢这里。

这是下水道盖子,好漂亮!

甘味茶屋 1·2·3

走着走着，建筑风格又变啦！
瞧这家漂亮的日式传统茶屋，店主人是对可爱的老夫妇。

看镜头！

复古建筑，
像不像《樱桃小丸子》动画里的冰店？

像从欧洲穿越回来。

推荐！

这是夏天的味道。

白玉红豆沙抹茶冰 600日元

继续往前，我们来到教堂区。

哈里斯特斯教堂

是俄罗斯领事馆的附属圣堂。内为拱顶型建筑，屋顶有大小七座十字架。因为教会的钟声响彻街道，也被亲切地称为"铛铛寺"。

天主教堂

为这一地区的标志性建筑。内部的圣坛装饰为罗马教宗赠予，精雕细琢非常豪华。教堂内放有留言簿，大家可以写下心愿。

祈祷，愿世界和平！

教会在进行弥撒礼拜时，会一同为留下心愿的人祈愿。

主啊，保佑我瘦20斤！

吃货！

在八幡坂，远眺美丽祥和的函馆港。

哇！

它可是常常出现在电视剧和电影里哦。

从八幡坂走到函馆港，就能看一排红砖建筑，写着大大的"森"字。

金森红砖仓库
这可是在函馆开设的首个营业仓库呢！
仓储业务不断发展壮大，也见证着函馆历史的点点滴滴。

函馆标志性
景点之一。

仓库里有很多
精品店和美食店，

可以淘些
小玩意儿。

给书友们寄明信片。
希望大家都能收到！

上山看夜景

离开仓库，走过二十间坂，下午5点左右，我们来到函馆山缆车站。

- 缆车票价：1280日元/往返。 780日元/单程。
- 缆车运营时间：10:00-22:00
（每10分钟一班，人多则5分钟一班。）

函馆夜景

属于世界三大著名夜景之一。独特的扇面地形配上通明的灯火，犹如一个缀满宝石的"马鞍"。
（另两大夜景是：中国香港维多利亚港夜景、意大利那不勒斯夜景。）

室兰
函馆

地球岬

『北海道自然景点百佳』第一名——

视野广阔的地球岬

地球岬

南临浩瀚的太平洋，在阿伊努语中这个名字有着"断崖"的意思。
"地球"之名源自从这里眺望太平洋，能够看到地球表面的弧线。

我们从函馆站出发先到达东室兰站，
然后再换乘普通列车抵达母恋站。

文艺

咔嚓！

咔嚓！

母恋站很漂亮，有种怀旧感。

是个古旧的车站，很干净。

火车站台总给人一种期盼的情怀。

是远去，还是归来？

室蘭八景
金屏風
トッカリショ 0.7km
地球岬 0.8km
室蘭市

北海道的天气，真是说变就变！

现在已经是暴雨加强风了……

25分钟后，我们终于看到路牌，抵达山顶……

总算看到胜利的曙光……

这才是地球的真面目！

别忘了敲响幸福之钟噢！

035

札幌，
夜空绽放的花朵

札幌
室兰
函馆

向札幌出发

失望而归,
回到东室兰。

取回行李,
继续前行。

札幌
没有下雨,
实在太好了。

札幌

位于日本北海道道央地区的都会城市,是北海道的行政中枢,全日本人口第五多的城市,也是日本的政令指定都市之一噢。

札幌是北海道
第一都会城市呢!

君猫说
要画幅札幌
简版地图。

唔……对不起大家!

有点复杂……
不太好画……

在日本旅行特别方便,每个JR车站几乎都有游客中心,有很多资料可以免费索取,比如景点地图、美食地图等等,甚至还有打折券!

札幌拉面

札幌拉面横街：
北海道札幌市中央区南5条西3丁目 第4绿色大楼1楼。

够隐蔽！在两栋大楼的夹缝里。

数十米的小巷，却有17家拉面店呢！

日本拉面主要有豚骨拉面、酱油拉面、味噌拉面三大口味。北海道是味噌拉面的发源地。

札幌拉面横街已有30年历史，从七八家拉面慢慢发展壮大，至今大小面馆遍布全街。找不到的朋友可以用地图APP导航。

肚子咕咕叫了……

先来看看拉面屋分布图，去吃哪家呢？

札幌花火大会

真驹内花火大会——北海道最大花火大会，
每年7月举行，具体时间与预订请查看官网：
HTTP://WWW.MAKOMANAI-HANABI.COM/

22000发烟花
在夜空中绽放。

夜空绽放的花——
真驹内体育馆
花火大会。

我们回到JR札幌站，
乘坐地铁在真驹内站下车。

脚架再一次
派上用场。

嘻嘻！

不认识路，就
跟着穿和服的人群
走吧，哈哈……

真驹内体育场

回国后，有一天兴起，查了一下当天体育馆内的烟花表演照片……

这画面对比，

差距
有点大啊……

建议大家还是购票去场内观赏，场内看到的更炫丽！
在官网：HTTP://WWW.MAKOMANAI-HANARI.COM/ 可以预订。

座席表

ステージ（花火打ち上げ方向）

エキサイティングシート

アリーナ指定席

スタンド自由席　　　　　　　　スタンド自由席

スタンド
ドリームシート

スタンド指定席

座席各区域费用

エキサイティングシート	8,000円
アリーナ指定席	3,800円
ドリーム指定席	5,600円
スタンド指定席	3,900円
スタンド自由席	2,900円

因花火大会，地铁延时关闭，有一种
"通话5分钟，充电2小时"的即视感。

哎哟……
回家的路好远。

大家有秩序地排队。

札幌的建筑

睡了个懒觉，神清气爽！出去逛逛？

去大通公园走走吧。

札幌标志性建筑——札幌电视塔。

路边停的跑车好靓！

公园鸽子好幸福！

大通公园除了游客，也汇聚了很多当地人，是个休憩的好地方！

札幌市区除了大通公园，还有几处建筑值得逛，依旧是西洋风格。

都是可以步行前往的景点。

政府旧址
属于美国风格的新巴洛克式建筑，免费对公众开放，馆内有很多北海道的历史资料。

札幌钟楼
是北海道大学的前身——札幌农业学校的练武场。

札幌资料馆
原是从函馆搬迁于此的控诉院，现在里面有法庭模拟裁判、艺术画廊、日本文化展等，可以进馆参观。

喜欢购物的话，那就前往狸小路。

今日晚餐——传统日料

我们在狸小路逛啊逛，买啊买，这一天就过去了。晚上有一个"重要饭局"，北海道的朋友要盛情款待我们！

眼药水　袜子　面膜　化妆品

喂！船长吗？我们在札幌电视塔，你到哪了？

你真是哪里都有朋友啊……

我马上来接你们！

白海盗船长

生活在北海道的华人。我们来北海道前向他请教了很多关于北海道旅游细节，是个"北海道通"，旅游达人，现已定居北海道札幌。

欢迎你们来到北海道！旅行还顺利吗？

来北海道玩，"海鲜"和"拉面"一定要品尝。现在我带你们去吃海鲜。

流口水了。

在日本，一定要去传统料理店！

すし処

对照

打扰啦！

通过船长介绍，上田先生（老板兼厨师）热情地欢迎我们的到来。

老板后来直接关店，只为我们服务。

非常感谢。

坐吧台观赏烹饪的过程好棒噢！

到日本一定要品尝传统日本料理。日料主张刀功为主，烹煮为辅，突出食材本味。

帆立贝肉好嫩！还有点甜。

谢谢老板一早就去海鲜市场，为我们挑选了上等的食材。

好大一个帝王蟹！

大吃一惊！

进店时

🔵 何名様でしょうか？

🀄 请问您几位?

🔵 はい。

🀄 是的，我有预约。

🔵 ご予約は頂いていますか？

🀄 您预约了吗?

🔵 いいえ。

🀄 不，我没有预约。

🔵 食券は、あちらでお買い求めください。

🀄 请到那边购买餐券。

🔵 少しお待ち頂けますでしょうか？

🀄 能不能请稍等一会儿?

🔵 ただいま満席です。

🀄 目前没有空位。

🔵 お席のご希望はありますか？

🀄 对座位方面有要求吗?

🔵 カウンター

🀄 吧台座

🔵 窓側

🀄 靠窗

🔵 禁煙

🀄 禁烟区

🔵 喫煙

🀄 吸烟区

就座后

日 メニューをください。
中 请给我菜单。

日 早くできるのはどれですか？
中 哪道菜能马上做好？

日 この料理の調理方法は？
中 这道菜的烹制方法是？

日 注文した料理がまだきていません。
中 点的餐还没来。

日 注文した料理と違います。
中 这不是我点的餐。

日 お手洗いはどこですか？
中 请问：洗手间在哪里？

日 オススメはどれですか？
中 哪个是推荐的料理？

日 どうやって食べるのですか？
中 该怎么吃？

哎呀！
每个都好想吃！

在旅游城市，
大部分餐厅都是
有菜品图片的。

所以点餐
完全不用担心。

服务员问与说

日 料理のご注文は（ ：）時までです
中 料理的点餐时间最晚到（ ： ）点。

日 こちらはオススメメニューで。
中 这是我们推荐的料理。

日 お飲み物は何になさいますか？
中 您想喝什么饮料？

日 ご注文を確認させて頂きます。
中 和您核实一下点的餐。

日 ご注文の品は全て揃いましたか？
中 您点的餐都到齐了吗？

日 食べられない物はありますか？
中 您有忌口的食物吗？

结账时

🈁 お会計をお願いします。

🀄 请结账。

🈁 お会計はレジでお願いします。

🀄 请在收银台结账。

🈁 お支払はどのようになさいますか?

🀄 请问：刷卡还是现金?

🈁 申し訳ございませんが、クレジットカードはご利用になれません。

🀄 对不起，我们店不能使用信用卡。

谢谢惠顾，
欢迎再来！

结账方式

🈁 現金　　　🈁 クレジットカード

🀄 现金　　　🀄 信用卡

🈁 別々の会計でお願いします。　　　🈁 割り勘で支払います。

🀄 请分开结账。　　　🀄 大家分摊支付。

🈁 領収書をください。

🀄 请给我发票。

餐饮词汇

🈁 カレー	🈁 ていしょく
咖喱	定食

🈁 豚肉	🈁 羊肉	🈁 ビーフ	🈁 魚肉	🈁 鶏肉
猪肉	羊肉	牛肉	鱼肉	鸡肉
🈁 甘い	🈁 辛い	🈁 すっぱい	🈁 温かい	🈁 つめたい
甜的	辣的	酸的	热的	冷的
🈁 生	🈁 蒸す	🈁 くんせい	🈁 揚げる	🈁 焼いた
生的	蒸的	熏制的	炸的	烤的
🈁 水	🈁 酢	🈁 しょうゆ	🈁 タバスコ	
水	醋	酱油	辣椒酱	
🈁 スプーン	🈁 はし	🈁 取り皿	🈁 フォーク	
勺子	筷子	盘子	叉子	

小樽——

运河边休憩，听那**风铃声**

小樽
札幌
室兰
函馆

小·樽的民宿

就从日本家庭民宿生活开始吧。

小樽的一天，

想要了解日本人的生活，

住民宿是个很好的办法。

日本的家庭民宿，是当地人用自己的房屋改建而成的简易旅店，环境及服务不能和酒店、旅馆相比，但价格便宜，我们还可以从中观察到日本人的生活习惯。

民宿多为自助，若带老人或小孩，

建议选择酒店更好。

大部分的民宿老板都不懂中文。

这一点大家要注意。

很多民宿有自己的规定，比如晚归截止时间、浴室使用时间、垃圾分类处理等等，早餐后还有可能必须洗刷餐具。

阳光明媚！

路过不远处的妙见堂神社，拜一拜。

码头

运河食堂
运河仓库　观光问询处
小樽运河　出拔小路　商业街
小樽博物馆
北方华尔街
邮局
JR小樽站

北一哨子馆
八音盒工厂
邮局
JR南小樽站

本妙寺
妙见堂　社之树

058

在小樽
待的时间好短。

那就在运河周围
逛逛吧。

小·樽

位于北海道西部，面临石狩湾，大约在100年前作为北海道的海上大门发展起来，不少银行和企业纷纷来到这里发展，被誉为"北方的华尔街"。

漫游巴士：
- 单次：
  大人210日元
  儿童110日元
- 一日乘车券：
  大人750日元
  儿童380日元

耶！

要不要体验下人力车？

网址：HTTP://WWW.OTARU-DENUKI.COM

出拔·小·路

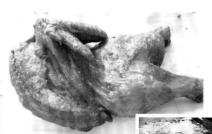

小樽名物

小樽 なると屋

特色料理，香酥爽口。
● 营业时间：11:00-19:30
● 半只炸鸡980日元

首先，带只炸鸡边走边吃！

海鲜食堂泽崎水产

分量十足，食材新鲜。
● 营业时间：11:00-20:00

超级大爱海鲜料理。

哈密瓜冰淇淋

哈密瓜是北海道的特产，
水分十足，味道香甜。
● 营业时间：10:30-18:30
● 1/2哈密瓜冰淇淋1100日元
  1/4哈密瓜冰淇淋650日元

北海道的夕张哈密瓜赫赫有名。

饭后甜品——
哈密瓜冰淇淋。

用"散步"
感受小樽的怀旧

小樽运河 → 北方华尔街 → 小樽商业街

→ 硝子馆 → 八音盒工厂

小樽运河

游客沿着运河散步十分惬意，还可以逛逛运河广场仓库，可取得观光手册和优惠券。广场仓库里面有咖啡店和礼品店。

夏天的运河清新，冬天的运河浪漫。

北方华尔街

这条街见证了小樽明治时代至昭和初期的经济成长。大家可以到日本银行旧小樽分行资料馆参观。

硝子馆

硝子指的是玻璃。有名的硝子馆有"北一""大正"等品牌。

"北一硝子"是创始店，推荐大家参观。特别是由167个石油灯点缀的咖啡厅大堂，复古又浪漫。

除了购买还可以预约体验活动（烧制或热加工）。
● "北一硝子"官网：HTTP://WWW.KITAICHIGLASS.CO.JP/
（电话/邮件预约）
● "大正硝子"官网：HTTP://WWW.OTARU-GLASS.JP/
（官网表格预约）

有趣的店太多了！

强烈建议！

给商业街留足时间！

小樽商业街

街道两旁林立着各具特色的商铺，包括小吃店、甜品店、工艺品店等。每一个店铺都值得走进去看看。

商业街是我最喜欢的地方。

小樽八音盒堂！

二号馆

本馆

在远处就被八音盒的音乐吸引。

小·樽八音盒堂

是一座欧式砖造建筑，五米多高复古的蒸汽座钟耸立在门口。整点报时会响起悦耳的音乐。

进到馆内，我们就被大大小小的八音盒弄得眼花缭乱。八音盒无疑是小樽最棒的名片，也是一份可以珍藏的伴手礼。

都做得好精致！

还有那么多乐曲可选择！

八音盒背后写有乐曲名哦！

富良野、美瑛

让人陶醉的花田

小樽
美瑛
富良野
札幌
室兰
函馆

中富良野——五彩花田

全球三大最美薰衣草花田：

1.法国的普罗旺斯； 2.澳大利亚的库伦巴薰衣草农庄； 3.中富良野的富田农场。

我们一早乘坐一班JR列车，

从札幌驶向中富良野。

离开城市走进山村田野，

窗外风景不停切换。

抵达目的地后，闻到空气里有薰衣草香气。

先把行李存在站台内，晚上住美瑛。

投币式储物柜使用费 500日元 / 2天

069

一路都有指示牌指引。

ファーム富田
ラベンダー園

富良野之行，我们主要参观富田农场。

● 免费参观

● 缆车：往返10分钟 300日元；9:00-16:40

可以坐小缆车空中观赏噢。

富田农场　是北海道最早的花田之一，原本只种植薰衣草，现加种了金盏花、罂粟花、满天星、醉蝶花等色彩艳丽的花卉，逐渐形成了今日所见的彩虹花田。

彩虹般的花田，好美！

远处的房子是一间温室。

春之彩色花田

自春天到初夏薰衣草花期到来之前，冰岛罂粟、东方罂粟以及细香葱等多年生草本植物越过寒冬，在这片花田盛开。

传统薰衣草花田

这里是富田农场的原点，也是日本历史最悠久的薰衣草田。这里也是因被放在月历上宣传而一跃成为全日本知名景点的花田。

从高处可眺望富良野盆地的田园风景以及十胜岳连峰。

071

门前种满薰衣草！

这真是梦寐以求的花园！

在这个世界，什么都是紫色的。

眼前的一切好有趣。

大家都好悠闲！
早知道我也带水彩
来画画。

登上森林之舍，
可以俯瞰彩色花田。

彩色花田

以紫色薰衣草为首、白色的满天星、红色的罂粟红、粉红色的小草、橘色的加州罂粟橙等七彩的花朵装饰着丘陵，是富田农场的代表性花田。色泽鲜艳的带状花田在和缓起伏的斜坡上"画"出美丽彩虹。

除了欣赏花田，推荐两个购物的舍屋。

花人之舍

是富田农场的迎宾建筑，正对"花人之田"的一栋三角形屋顶的建筑。一楼贩卖富田农场的独家商品，旁边设有咖啡吧。二楼设有富田薰衣草史料馆，进去参观可了解薰衣草的点点滴滴。

薰衣草干花，150日元一束。

琳琅满目的薰衣草商品！

选择困难症又犯了。

真是让人眼花缭乱!

干燥花之舍

是一个巨大的干花展示空间。大量用粉红色系花材表现春天意韵的作品,乃是来自花艺之国荷兰的花卉设计师LEN ALKEMADE的创作。

要买吗?
万一托运时压碎了怎么办?

那买两束小薰衣草干花吧。这个好携带。

富田农场的舍屋，除了出售纪念品、伴手礼之外，还有甜品和简餐。

我们用甜品代替正餐吧。

薰衣草冰淇淋300日元一个。

薰衣草可尔必思260日元一杯。

季节限定品——薰衣草冰淇淋，推荐！

真的有薰衣草味道！

哈密瓜冰淇淋也很好吃。推荐！

哈密瓜馅饼忘记价格了……

不要管热量，尽情吃吧！

哈密瓜冰淇淋300日元

重度推荐
现切哈富良野密瓜，
250日元一个。

玉米也超甜
多汁。

富良野产水煮玉米
400日元一个。

薰衣草弹珠汽水
230日元一瓶。

我们吃完这些甜品，肚子已经已快撑爆了。
如果你觉得还没饱，
那就再来一份时蔬咖喱饭吧！

上富良野薰衣草东部

我们因为游玩时间关系，选择了中富良野的富田农场。
其实它还有另外一个区域——**上富良野薰衣草东部**。

薰衣草东部
是日本最大的
薰衣草田。

薰衣草巴士行驶路线

风香之丘

Lavare 之舍

薰衣草巴士

P

展望平台

散步小径（单程6分钟）

与富田农场相比，
色彩比较单一。

不过它有
另外一种玩法：
"薰衣草巴士"。

坐在拖拉车上
欣赏薰衣草。

"薰衣草巴士"

绕园区一周15-20分钟。

●大人 200日元　●小孩 100日元　3岁以下免费

乘花田火车，前往美瑛

在富良野呆了4个小时，回到JR车站，取回行李，
乘坐薰衣草花田火车"NOROKKO号"前往下个目的地。
时刻表查询：HTTP://WWW.FARM-TOMITA.CO.JP/CN/ACCESS/STATION.ASP

抵达美瑛

40分钟后，我们抵达了美瑛市。

住在美瑛

我们所选的民宿，有接车服务。
从这里到民宿，要行驶20多分钟。

感觉美瑛市区并不大。

窗外风景是广阔的田野。

但是这里的田野跟富良野完全不一样。

真是美极了！

081

太震惊了!

哇!我们的民宿就在这片金色道田旁。

麦田守望者吗?哈哈哈……

这田野,视线太辽阔了。

在这样的地方,有一栋别墅和自己的牧场,

有一辆小车,养一只狗狗……

惊

太让人
羡慕了！

怎么了？

美瑛家庭民宿：星之庵

● 地址:HTTP://HOSHINOANNE.NEWS.COOCAN.JP/

● 电话：0166-92-4993

● 预订方式：官网查询房间情况，
通过邮件预订。

大家出发前，一定要多找找看。这样
的民宿较少，最好提前预订。

走进民宿，
满眼温暖色调，

让人有种
归属感。

装满亲切，
很是舒服。

假装看得懂
日文漫画。

与同住一个屋檐下的其他朋友也都混熟了。

让人好自在。

民宿主人为大家准备晚餐。

阳光洒在餐桌上，会有什么佳肴呢？

可口菜肴一道道上桌咯。

大家齐聚一堂。

番茄好甜！

主人致辞，欢迎我们的到来并介绍晚餐。

食材是主人自己栽种的呢！

085

在一阵阵欢声笑语中，大家相知相识，
分享旅途喜悦，结束了晚餐。

茄——子——

还没结束噢！
餐后还有音乐表演。

原来这个日本大叔是位
"流浪音乐人"，
四处游走创作音乐。

民谣唱腔，
吉他也弹得好。

遇到有趣的朋友，
好幸运！

他教我们唱他的歌曲，朗朗上口。没想到变合唱！

这简直是一场小型的民谣演唱会！哈哈哈！

有时候旅行久了，
觉得住民宿是一件有趣的事情。

乐趣在于大家聚在一起，
逐渐熟悉并分享自己的旅行故事。

美好的故事，
也是旅途中宝贵的一部分。

明天大家各自分开旅行。
祝旅行顺利愉快！

晚安，美瑛！

087

拼布之路与广角之路

抵达美瑛，我们入住星之庵民宿。

初步感受美瑛，跟富良野玩法截然不同。

很抱歉，我并没有为大家呈现最棒的打开美瑛的方式。

噗

打脸

事情要回溯到来北海道之前，做行程计划的时候……

美瑛景点距离远，你会骑单车吗？

路超远，会走"吐血"。

敷面膜中……

啊？骑单车？不能靠徒步吗？

脑补了一下蹬着单车悠闲地骑在田野边的画面。

这画面……

美极了！

不可能！

不可能！

不可能！

租赁单车 在美瑛市和美马牛市都可租到单车。老板会给客人一张手绘地图，根据客人的骑行时间设计骑行线路。车行一般上午8点开门。建议大家租电单车，这样比较省力。

价格参考
● 自行车 1小时200日元 ● 电动自行车 1小时600日元 ● 登山越野车 1小时300日元
● 速可达（踏板摩托车）50CC 1小时700日元；125CC 1小时1000日元（请加满油后归还）

美瑛拥有超辽阔的视野。

请带上大广角镜头。

这里的树多是"广告明星"。

一块块田野就像毛茸茸的拼布地毯。

在美瑛取景总是能捕捉到这样干净的画面。

这些农田是不能进去的，都是私人领地。

太值得骑单车了！

"游客止步" 这是美瑛农家私人田地。农作物的病源可能由鞋底附着的泥土传染到整片农作物，造成巨大的损失。因此请不要踏入田内。

整个美瑛道路干净宽敞，汽车很少。

路上会有休息点。

我们又买了玉米。

吃! 吃! 吃!

商店里有哈密瓜和玉米。

金色地毯好漂亮!

日本艺人松本润也跟它合过影!

午饭可以在这里搞定。

这里有服务中心。

我们的午餐是当地自产蔬菜咖喱汤。

咖喱好香哇！

再喝一杯薰衣草可尔必思。

093

眼前这个花田也很壮观呢!

离开美瑛前,再眺望一下这片美丽的花地毯。

看完花田我们来到美马牛车站.

前往旭川市。

北海道包车游景点，也是一种玩法。

语言不通，怎么沟通包车呢？

请民宿主人帮忙约车

日 すみません、タクシーを予約していただけますか？

中 能帮我预订出租车吗？

日 （ ）月（ ）日（ ）時、民宿前　出発（ ）行（ ）人乗りです。

中 （ ）月（ ）日（ ）点，在民宿前出发，到（　），（ ）个人乘坐。

日 約（ ）時間利用したいです。

中 大约租用（ ）个小时。

日 予約完了しました。費用は約（ ）円です。

中 预约好了。费用大概是（　）日元。

自然风光绝美的北海道，包车游可以腾出更多时间游玩·拍摄。

人越多越划算。

告诉司机行程

日 今日は約（ ）時間利用したいです。行きたいスポットを地図で指します。最後は（ ）で降りるつもりです。よろしくお願いします。

中 今天想大约租用（ ）个小时。在地图上给你指想去的景点。最后打算在（ ）下车。

日 了解しました。費用は（ ）円で、先払い/後払いです。

中 明白了。费用是（ ）日元，先付/后付。

办理入住前存行李

日 荷物を預かっていただけますか。（　）個あります。

中 可以存行李吗? 有（　）件。

办理入住后存行李

日 荷物を（　）時まで預かっていただけますか。（　）個あります。

中 行李可以存到（　）点吗? 有（　）件。

日 できます。　　**日** できません。

中 可以。　　　　**中** 不可以。

咨询酒店人员

日 このカードに お名前、携帯番号 を書いてください。

中 请在这张卡上写上您的名字、手机号码。

日 **チェックインは** （　）時からです。

中 入住是（　）点开始。

日 **チェックアウトは** （　）時までです。

中 退房是（　）点之前。

其他

日 朝食 / 夕食は　ロビー / （　）階のレストランです。

中 早饭 / 晚饭 是在 大厅 / （　）楼的餐厅。

日 **モーニングコールは** （　）時にお願いします / 不要です。

中 请在（　）点叫早 / 不需要叫早。

日 隣同士の部屋を用意していただけませんか?

中 能否安排相邻的房间?

日 WI-FI **アカウントと**パスワード を教えて下さい。

中 请告诉我 WI-FI 的账号和密码。

从美马牛JR站到稚内太远。

我们在旭川先住一晚，明早再出发。

企鹅散步

每年12月至次年3月，
一天两次企鹅散步，
分别是11:00和14:30。

近距离观赏企鹅，非这里莫属！

下次冬天来看企鹅吧。

除了企鹅，还有大白熊噢。

097

稚内

旭川　　美瑛

小樽　　富良野

　　　札幌

室兰

函馆

从旭川一路向北到稚内——

日本最北端

向稚内出发

早起从旭川出发，3个多小时后我们抵达稚内。

日本最北端 稚内驛
北纬 45°25′03″

但是它是日本的最北端。

在北海道旅行景点中，稚内是个很冷门的地方。

在站台的"介绍所"，记得拿一本中文旅游手册。

稚内

位于北海道岛最北端，是一个被日本海与鄂霍次克海夹在中间的港湾城市。因为大风四起的日子较多，稚内又有"风之城"之称。

稚内海鲜市场——副港市场

在日本旅行，每个城市的海鲜市场，真的可以当景点玩！
有吃的有逛的，还能找到这个城市的饮食特色！

副港面积并不大，

但是商品种类众多。

哇噢，这个像素设计大赞！

喜欢平面设计的我，好喜欢这个稚内"像素"标志。一个小小像素格，简单大方地告诉你稚内的地理位置。它就在日本最北端，让人印象深刻。

发现特色饮食，

稚内牛乳冰淇淋。

奶香好重！

市场内有多家海鲜料理亭供应正餐。

稚内盛产海胆和鲑鱼卵。

所以推荐吃这两种食材的海鲜料理。

终于知道人为什么这样少了。跟我来!

怎么啦?去哪里?

原来是有活动!

美食面前，领导讲话都是浮云。

看来每个国度都一样啊！

他说，小奖是蔬果和米，一等奖是帝王蟹！

什么？帝王蟹！

哇！好兴奋！

领奖人一波一波上台。我们的奖品号码是4254。

最后没有念到我们的号码。

没有中奖运。

在欢声笑语中，我们结束了这次活动。
虽然没中奖，但是吃了好多东西，也是收获满满。

这个活动的吉祥物是海豹和黄瓜的合体吗？

107

稚内市区散散步

"奶足饭饱"后，我们决定去逛逛稚内市区。

最北地标—宗谷岬

稚内是日本最北端的城市。

建议大家一定要去宗谷岬！

在稚内JR车站，乘坐"天北宗谷岬线"在宗谷岬站下车。一天大概有7个班次，到达约需50分钟。

打卡！

真正的日本最北端，我们到啦！

宗谷岬
位于日本北海道岛最北端，属北海道宗谷支厅，与俄罗斯萨哈林岛最南端的克里利昂角隔宗谷海峡遥遥相对。

111

风车小屋
没营业。

山坡上是一
大片美丽的丘陵！

宗谷黑牛。

这是放养的
日本顶级和牛。

这片丘陵牧草肥美，
无农药化肥噢！

牛儿
健康成长！

哞
哞
哞

如果想在主城吃，

街巷里也有一些餐厅。

海胆，鲑鱼卵，螃蟹，真是百吃不腻！

好幸福！

鲑鱼卵吃起来很有趣，一颗颗在嘴里炸开。

唔……

嗯？突然想起翅膀君早餐……

115

旅行回忆（外传）

最后我们选择
在稚内入住这家酒店。

从JR车站步行
约20分钟。

享受美好早餐。

翅膀君
的早餐构成

淋上酱油

一点芥末/姜末

甜虾刺身

其他刺身

亮晶晶的
鲑鱼卵

颗粒分明
的米饭

米饭碗

第1碗

第2碗

嗯?

第3碗

喂……

撑死了吧?

我爱鲑鱼卵。

梦幻双岛——

利尻岛、礼文岛

梦幻离岛——利尻岛、礼文岛

太值得为它们增加旅行时间了！

时间紧缺的朋友，可以直接飞礼文机场！

方法1：现场买票

大家可以直接前往渡轮大楼买船票。

出发前小时停止售票。

船票价格（仅作参考，以实地价格为准）

	稚内-利尻岛（鸳泊港口）	稚内-礼文岛（香深港口）	利尻岛（鸳泊）-礼文岛（香深）
1等ラウンジ	4090(100)日元	4520(100)日元	1570(50)日元
1等和室	3560(100)日元	3990(100)日元	1350(50)日元
2等	2030(100)日元	2260(100)日元	800(50)日元

渡轮时刻表查询：HTTP://WWW.HEARTLANDFERRY.JP/CHINESE/

方法2：购买45°N PASS

可网上预订，信用卡支付，有繁体中文官网！
HTTP://45NPASS.JP/LANGUAGE/INDEX.HTML

官网插画超级可爱！

这个PASS套票分为4天、7天等类型。

成人价格分别为5000日元、6000日元。

三大优惠

1 渡轮不限次数搭乘
二等舱普通座位

2 公共巴士不限次数搭乘
稚内、利尻岛、礼文岛

3 500日元抵用券两张
成人可使用两张、小孩可使用一张

大家注意，
预订45° N PASS
是有条件的。

必须在官网指定
酒店住宿两晚。

我们在官网上选择了的"天北之汤"。

酒店盖章

🈁 45° N PASS の宿泊確認書に押印してください。

🀄 请在 45° N PASS 的住宿确认书上盖章。

换取45° N PASS

🈁 すみません、45° N PASS を引換したいです。

予約番号は（　）です。（）月（）日から利用します。

🀄 我想换 45° NPASS。

预约号码是（　　）。从（）月（）日开始使用。

预订好后，
在稚内JR站的
服务中心换取
45° N PASS。

酒店预约订单
也一并拿给工
作人员。

除了前面讲的
三大优惠，

里面还有一张
资料图，

也有轮渡
时刻表。

简直太棒了！

轮渡 "榻榻米"

利尻岛巴士半日游

利尻岛

是日本北海道西北的一个圆形岛屿，以利尻岳为主体，是一个著名的火山岛。岛上的利尻山被称为"利尻富士"。

利尻岛（鸳泊港口）和礼文岛（香深港口）

HTTP://WWW.SOYABUS.CO.JP/TEIKAN.HTM

●利尻岛：9:10出发，12:45结束；14:25出发，17:05结束。

（注：利尻岛还有个沓形港口，出发时间为8:20。推荐鸳泊港口出发。）

●礼文岛：8:35出发，12:35结束；14:05出发，16:30结束。

此时间仅作参考，建议提前半小时到，推荐大家参加，因为岛上交通并不便利。

骑电单车建议在岛上住一晚。

124

巴士沿着
海边行驶。

风光太棒了!
大自然恩赐呀!

第一个景点——
姬沼园地。

植被丰茂。

天然氧吧。

大家跟着向导走进园地,里面有一个碧绿的湖泊。绕湖一圈,约20分钟。

走到湖泊边,可以远眺利尻山。

湖边木栈道
修得很好。

可以悠闲地
散步,很棒!

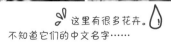
这里有很多花卉。
不知道它们的中文名字……

这里是博物馆。

先盖纪念章！

看看这些人偶如何演绎利尻岛的生活。

趁大家还在里面参观，我溜去外面看了看，博物馆对面好像是一座学校。

秋千？

这真是最自然的游乐场！

有些景点我们是在车上看的，如人面岩，窝熊岩……

这个海上的"微神社"很漂亮，

在蓝色大海的衬托下，格外艳丽醒目。

三个多小时的游览结束了。   对利尻岛意犹未尽。

再一次上船，前往礼文岛。

第二离岛 — 礼文岛

从利尻岛到礼文岛，已经是下午3点。

由于时间太晚，我们直接奔向民宿。

明天上午再参加礼文岛的半日游。

看那座山，像不像漂浮在海面上？

那可是利尻岛的利尻山噢！

民宿的工作人员来港口接我们。

一路的风景好美！特别期待明天上午的礼文岛半日游。

门口鲜艳的"虞美人"
迎接着我们。

这就是我们今天
的民宿——海憧。

海憧旁边有
一个小公园。

可以去
散散步。

来人
推我啊!

131

谢谢海憧的晚餐！
我们开吃啦！

这两个岛
感觉并不商业化，

就把旅行时间
放慢吧。

民宿不大，不过很干净。

推荐一本我爱的漫画——《我们这一家》。画风很可爱！

美好的早上来临啦！

吃完早饭我们要回到礼文岛港口。

← 牵丝的纳豆

巧遇蛋黄哥

日本人喜欢在米饭上打个蛋……

你可以在米饭上挖个洞。

哎呀！我的蛋滑下去了！

133

礼文岛半日游

那是海上有云雾。哈哈哈！

再一次回到礼文岛香深港口。

又看到漂浮的利尻山。

礼文岛

与利尻岛相邻，最高峰为礼文岳。岛上有300多种花卉在山坡上争相开放，被称为"海上花岛"。

上车啦！礼文岛半日游开始咯！

走上山坡原来是这么美的景象！

水的透明度极高。这蓝色湖面，如同一块蓝宝石。

它的中文名叫须古顿岬。

这里跟澄海岬的风景一样美。

谢天谢地！

感谢老天赐给我们那么好的天气！

海鸥时不时地飞过头顶。

137

北方的金丝雀公园

这里曾是日本电影《北方的金丝雀》的拍摄场地。

超唯美的场景!

房屋是电影里的木造校舍,屋内陈放电影拍摄时的昭和风格道具。

2012悬疑电影

感觉利尻岛一直跟随着我们耶!

北のカナリアたち

出发桃岩庄

是他们吗?

没错没错,是桃岩庄。

他们为什么要对着船呐喊?

呐,啊!

啊!

我也不知道。

等他们呐喊完……我们上前打了招呼。

嗨!

超级活泼的两个人

礼文島にようこそ!

译:欢迎来到礼文岛!

こんにちは.

译:你好。

翅膀君用英语做了介绍，说我们是今天的住客。
他们说要在我们上车前，为我们准备一个欢迎仪式。

欢迎仪式？

这是什么鬼？

他……他们……
说欢迎……
我们来到礼文岛。

完全听不懂，
我鼓掌算了
……

居然是用
吼的方式……
从丹田发力啊！

吓我一跳……

真有爆发力！

他们太兴奋啦！语速很快，
有些话翅膀君也没听懂
……

好热情！感觉是
用生命在欢迎。

好有趣，觉得很好笑。

大约爬山半个小时，我们就到了桃岩庄民宿。
越往上走，越能看到礼文岛的魅力！

进门的时候要记得大声向大家问好。

哎呀，好害羞！

ただいま！
（译：我回来了！）

お帰りなさい！
（译：欢迎回家！）

行大礼？

还要唱歌？

泊行
16:25
荷物提出時间
10:00

桃岩庄的民宿非常"原生态"。

143

一楼区域好大。

整体感觉像国内青年旅社。

干净的木质民宅！

整个民宿有三层楼。

男生宿舍在一楼的二层阁楼。

女生宿舍在三楼，二楼是食堂和澡堂。

这里的环境一定跟你想象中的有差距。

但是很多日本人慕名而来。为什么呢？

老板给了我们爬山线路，一条8个小时，一条4个小时。

我们选了一条时间短的线路，好赶在日落前回来。

144

答案在后面！

行李放好了。

在礼文岛登高望远

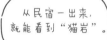
从民宿一出来，就能看到"猫岩"。

喵。喵。

地理位置超赞！还能看到日落！

这边的道路很宽，骑电单车一定很棒！

车辆超少。

唔……

沿着海骑行……

可惜……我不会……

游客超级少，
感觉承包了整片海。

爬山的线路
是往上走的。

穿过这个隧道。

还是画一个示意图给大家吧。从桃岩庄走到登山口，约25分钟。

穿过隧道后，右手边，

就是爬山的路口。

路口植物很多，别走过哦！

登山路修得非常好，

坡度并不大，走一会儿视野就打开了。

越往上，风景越美。

居然整个山坡都是花，让人好兴奋！

147

沿着灰白色的
木栅栏，向前走。

我们像潜在
花海里的鱼。

回头看，依旧能看到那只"猫"，望着大海。
似乎背影有一些孤单……

棚栏修在山脊上，
让人每走一步，
就想停下来。

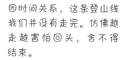

放眼望去，
处处是美景。

因时间关系，这条登山线
我们并没有走完。仿佛越
走越害怕回头，舍不得
结束。

最好的天气、阳光，留在
了最美的地方。这一切都
用相机记录了下来。

已记不得第几次看到远处
的利尻山。

夕阳下的桃岩庄

我们原路返回，回到民宿稍作休息，等待日落。

爬山还是很累，幸好选择了短线路。

7月的阳光，紫外线很强，大家一定要带高SPF的防晒霜。

突然外面传来歌声。

什么情况？唱歌跳舞？

为什么他们……

要在屋顶上跳舞？

贴着玻璃，

看外面……

听说，他们是在欢迎沿八小时路程登山归来的队伍。

这样啊！走八个小时，也是挺辛苦的。

六点钟，夕阳光线最漂亮！

出去玩咯。

我瞄了一眼我旁边的一个大哥，他哭了。
他们唱着日本古老的民谣，带领我们跳舞，
直到太阳消失在海平面……
已经有多久没有这样平静地看过日落了？
人生就像一本书，日出日落就是一页。
翻过这一页，又是新的开始。

活动已经开始啦！所有人都聚在一起。

坐到后面吧。

嗯，方便拍照。

是科普礼文岛！
完蛋了，听不懂。

他们讲得很快，
有些不好翻译。

哇！还有
歌唱表演！

大家
跳起来吧！

礼文岛资讯网，有中文版噢！
HTTP://WWW.REBUN-ISLAND.JP/CN/INDEX.HTML

幸好有网站。

天亮了，桃岩庄再见

早上我们要离开桃岩庄，行李需要放到一楼去。墙上会贴这样的"时间标识"，根据自己的轮渡时间摆放行李。民宿工作人员会帮我们提前把行李装上车。

轮渡登船时间

要离开啦！有些舍不得。

最晚把行李提到一楼的时间。

留念。

一定要回来噢！

哈哈哈！神经病啊！

居然安排"追车送行"桥段。

你以为拍电影啊！

港口告别，是结束也是开始

桃岩庄的工作人员送我们上了船，叫我们一定要去船头。

大家在为我们
跳舞、唱歌、鼓劲。

讨厌！为什么
我又想哭了？

还为我们大声呐喊！

いってらっしゃい！
（译：一路顺风！）

いってきます！
（译：我出发啦！）

啊！

已经快看不到码头了，
还能听到大家的呐喊声。

谢谢礼文岛！谢谢桃岩庄的每个人，
为我们的旅行画了一个圆满的句点！